Neues von Hase und Igel

Eine Geschichte von Norbert Fahrenkrug
mit Bildern von José M. Lavarello

CARLSEN

Die Geschichte vom Wettlauf zwischen Hase und Igel kennt jeder. Aber so war es wirklich:
Der Hase glaubte, daß er mit seinen langen Beinen unbesiegbar war. Als der Startschuß fiel, lief er in Richtung Hasendorf davon. Daß der Igel dort einen Zwillingsbruder hatte, wußte er nicht.

Also lief er, bis die Pfoten qualmten. Der Igel hatte seinem Bruder schon bei der letzten Familienfeier von dem Wettlauf erzählt, und nun wartete dieser am Ziel und rief: »Ick bin all da«, was heißen sollte: »Ich bin erster und du nicht!«

Der Hase konnte gar nicht glauben, daß der Igel schneller war als er.
Hasen sind sehr stolz auf ihre langen Beine, und es gibt im Wald und auf den Wiesen nur wenige, die es im Wettlauf mit ihnen aufnehmen können.
Total aus der Puste sagte der Hase: »Wir laufen noch mal! Die ganze Strecke! Und dann werden wir sehen, wer der Sieger ist!«

Der Bruder vom Igel war sofort einverstanden. Der arme Hase! Wieder und wieder lief er, was das Zeug hielt - und verlor, weil der andere Igel ja schon vor ihm da war. Vor Erschöpfung mußte der Hase ins Krankenhaus.

Das tat dem Igel sehr leid. Darum pflückte er am nächsten Morgen einen Strauß Löwenzahn, ging zum Hasen ins Krankenhaus und erzählte ihm alles.
Der Hase war ganz schön aufgebracht, als er von dem Trick hörte. Er hätte dem Igel den Löwenzahnstrauß am liebsten links und rechts um die Stacheln gehauen. Aber weil er so gern Löwenzahn aß, tat er es nicht.
Schon nach einer Viertelstunde saß der Igel auf dem Bett vom Hasen. Beide aßen Löwenzahn und lachten über Hasen- und Igelwitze.

Aber die anderen Hasen und Igel trafen sich und stritten, bis ein Hase schrie: »Ein neuer Wettkampf! Aber fair!«
»Fair?« riefen die Igel. »Bei euren langen Beinen?«
Nach langen, zähen Verhandlungen waren die Regeln aufgestellt:

1. Nur Läufer ohne Zwillingsbrüder
dürfen an den Start.
2. Der Hase muß zickzack laufen,
damit er durch seine langen Beine
keinen Vorteil hat.
Der Igel darf direkt laufen.
3. Wer mogelt, endet als Hasen-
braten oder Igel in essigsaurer
Tonerde.
4. Der Gewinner gewinnt.

Dann stellte jede Familie den Besten aus ihrer Mitte auf.
Weil die Straße zum Zickzacklaufen zu gefährlich war, sollte das Rennen auf einem Acker stattfinden.
Alle waren aufgeregt. Die Frauen backten Löwenzahnkuchen und Regenwurmplätzchen, und die Hasen- und Igelkinder machten schon ihre eigenen Wettläufe.

Dem Hasen im Krankenhaus ging es inzwischen schon viel besser.
»Morgen ist Sonntag«, sagte der Igel. »Da darfst du aus dem Bett! Ich hole dich hier ab, und wir gehen zum Rennen!«
Dann war der Sonntag da.
Alle anderen hatten sich schon draußen auf dem Acker versammelt und feierten mit Löwenzahnlimo, Kuchen und Plätzchen.

Der Igel stand am Krankenhaustor und wartete geduldig, bis der Hase kam.
»Puh, war das anstrengend«, sagte der Hase. »Ich mußte die Bettwäsche selber abgeben und mir selbst die Pfote drücken! So wenig Leute hatten die!«
»Na ja«, sagte der Igel, »immerhin ist heute Ostersonntag! Da haben alle frei!«
Der Hase wurde weiß wie ein Schneehase. »Weißt du, ob alle Hasen beim Wettrennen sind?«
»Alle«, bestätigte der Igel.
»Dann haben sie Ostern vergessen! Komm schnell, Igel, wir müssen unbedingt zum Wettkampf!«

Als die beiden am Acker ankamen, hatte das Rennen längst begonnen.
»Jetzt mußt du mir eben helfen, alle Ostersachen zu verstecken«, sagte der Hase zum Igel.
Und so machten die beiden sich an die Arbeit.
Der Igel tat sein Bestes. Einmal mußte der Hase ihn lange suchen, weil er sich aus Versehen selber versteckt hatte. Weil sie nur zu zweit waren, brauchten sie zwei Tage. Darum gibt es heute auch noch den Ostermontag!

Inzwischen war der Wettkampf unentschieden ausgegangen. Kurz vor Hasendof hatten die schnellsten Hasen zwar einen kleinen Vorsprung, aber ein Bauer hatte direkt vor dem Ortseingang seinen Acker kräftig gedüngt.
Zwei volle Fuhren Ostergülle vom Feinsten. Knöchelhoch!

Das Ziel so dicht vor Augen, hatte niemand so richtig hingesehen. Vielleicht hätte das Unglück verhindert werden können. So aber rutschten die Hasen mit ihren langen Beinen aus und fielen der Länge nach in die Gülle.

Und alles war so glitschig, daß kein Hase aus eigener Kraft aufstehen konnte. Die Igel konnten es nicht mit ansehen und wollten den Hasen helfen. Nur - vor lauter Lachen hatten die Igel ihre liebe Mühe, die Hasen herauszuziehen.

Am Ende waren alle so dreckig, daß man Hase und Igel nicht mehr voneinander unterscheiden konnte. Alle entschieden, daß der Wettlauf unentschieden ausgegangen war. Am See beim Festacker wurden die Ohren, der Pelz, die Stacheln und alle Pfoten gewaschen, und hinterher wurde gesungen und getanzt, daß die Erde dröhnte.

Der Hase und der Igel aber wurden von diesem Tag nur noch der Osterhase und der Osterigel genannt, weil sie die Ehre der Hasen gerettet hatten.